まえがき

あたまの中にはいつも、自分のこたえを待つ引出しがあります。
長い間しまわれているものや、ついさっきしまったもの。
夕飯のことだったり、仕事のことだったり、純粋に試してみたいことだったりたくさん。

引出しから出るタイミングは、日々の連想ゲームの中である日突然やってくる。
それは、誰かと話しているときだったり、
散歩中、映画を見ているとき、などなどふいにやってくる。
それを見逃してしまうと、引出しから出るタイミングを失ってしまう可能性もある。
だからいつも気が抜けない。
くっきりとピントが合うような感覚があるときは、すごくいい予感。
そんなことを繰り返しながらこの本もできました。

読んでくださるかたのあたまの引出しの、ヒントになる本に仕上がっていますように。

atsumi

Contents

まえがき ------------------------ p.3

A Armadillo ------------------------ p.8

B Bird ------------------------ p.9

C Boom box ------------------------ p.12

Building ------------------------ p.13

Compass ------------------------ p.16

D Dinosaur ------------------------ p.17

E Emblem ------------------------ p.20

F Fleming's left hand rules -- p.21

G Goblet ------------------------ p.24

H Hamburger ------------------------ p.25

Hand signal ------------------------ p.25

I Insect ------------------------ p.28-29

J Jacket ------------------------ p.32

K Karl ------------------------ p.33

L Lure ------------------------ p.36

M Mermaid ------------------------ p.37

N Naked ------------------------ p.40

N
Nasca ---------------------- p.41

O
Ornament --------------- p.44-45

P
Parfait ---------------------- p.48

Perfume --------------------- p.49

Q
Queen ---------------------- p.52

Question ------------------- p.53

R
Rocket --------------------- p.56

S
Sneakers ------------------- p.57

Scissors -------------------- p.57

T
Tools ---------------------- p.60

U
Union Jack ---------------- p.61

V
Van ----------------------- p.64

W
Wallet --------------------- p.65

X
X-File --------------------- p.68

Y
Yarn ---------------------- p.69

Z
Zoom --------------------- p.72

End ----------------------- p.73
Alphabet ---------------- p.76-77

How to make ---------- p.80-87

Contents

A to Z

A

ɑ̀ɚmədíloʊ | 8

Armadillo

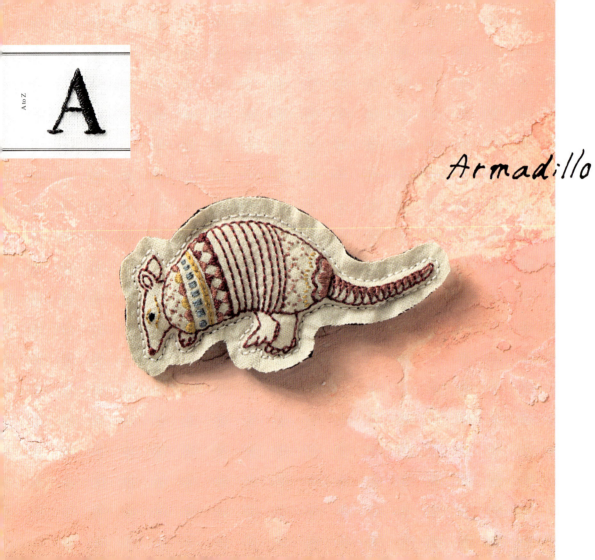

動物界でいちばんロボットっぽいと思う生き物。鎧みたいなからだはどのくらい固いんだろう? 触ってみたい。

| b'ɜːd

Bird

しあわせの象徴とされる生き物。きれいな羽を持つものや、美しく鳴くものもいる。実物は少し苦手。たぶん、固いくちばしが怖いのだ。

armadillo | 10

A to Z

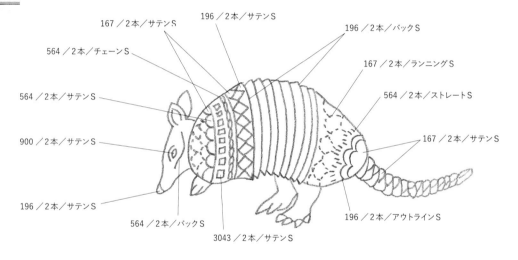

アルマジロ

11 | bird

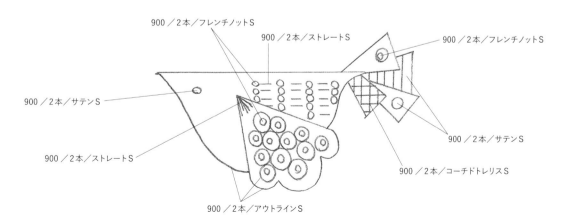

A to Z

鳥

bu'mbàks | 12

B

A to Z

Boom Box

昭和の家電代表、ラジオカセットレコーダー。ラジオもカセットテープも聴くことができて、録音までできてしまう画期的なものなのに、近ごろは飾りになってしまっている。

13 | bíldıŋ

B

A to Z

Building

建物群。都会の象徴のようなもの。小さいころ思い描いた21世紀はいろんな形のビルだらけだったけれど、古い建物が残っていてよかったと今では思う。時々、「マンハッタン」って無性に言いたくなる。

boom box | 14

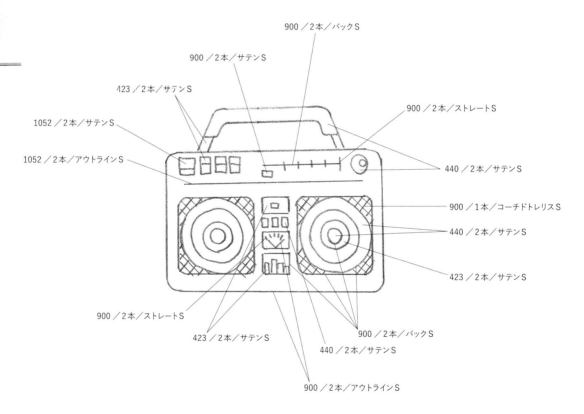

ラジカセ

building

A to Z

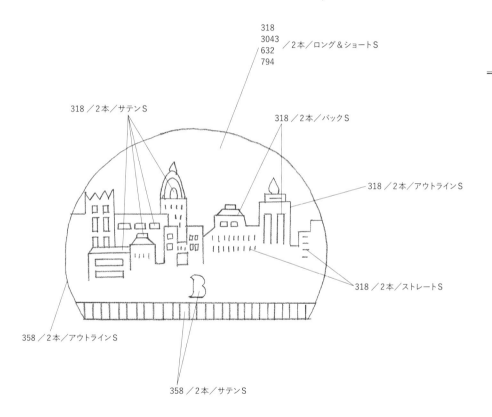

ビル

kˈʌmpəs | 16

Compass

方位を知るための道具。身体感覚として方位が備わっていないわたしには使い道がないように思われるけれど、たたずまいに惹かれる。

17 | dάinəsɔ̀ː

Dinosaur

D

A to Z

はるか昔、地球にいた生き物。とっても大きいものもいたらしい。脳みそが小さくて反応がにぶかったという話が印象深い。

compass | 18

C
A to Z

方位磁針

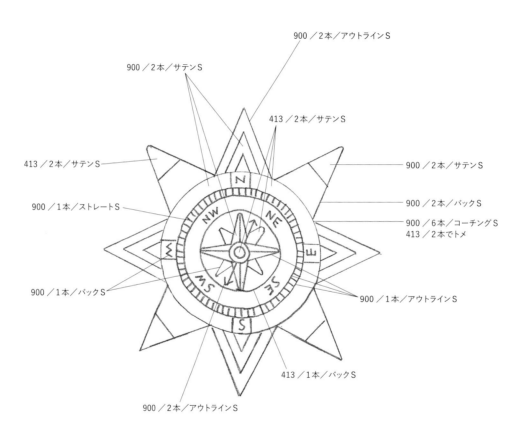

900／2本／アウトラインS
900／2本／サテンS
413／2本／サテンS
413／2本／サテンS
900／2本／サテンS
900／2本／バックS
900／1本／ストレートS
900／6本／コーチングS
413／2本でトメ
900／1本／バックS
900／1本／アウトラインS
413／1本／バックS
900／2本／アウトラインS

19 | dinosaur

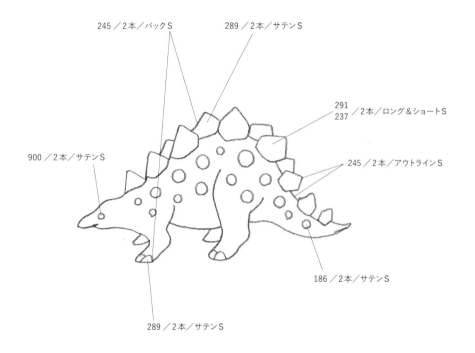

恐竜

A to Z

E

émbləm | 20

Emblem

身分などを示すバッジ。往来がなかったころからいろんな土地でエンブレムがあるのは、身分という概念のせいなのだろうか?

21 | flémɪŋz léft hˈænd rúːlz

F

A to Z

Fleming's left hand rules

確か、中学の理科の時間に習った法則。今のところ、実生活で役にたったことはないけれど、たまに確かめたくなる法則。

emblem | 22

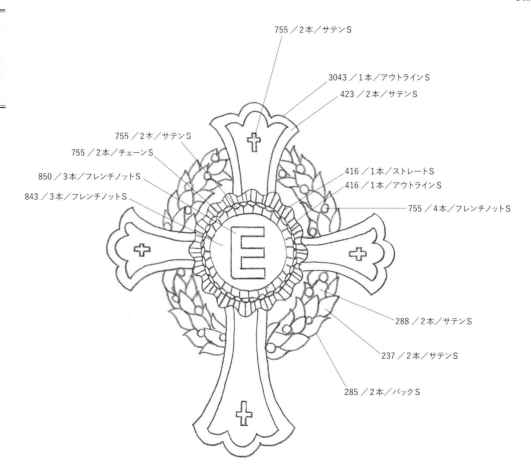

エンブレム

Fleming's left hand rules

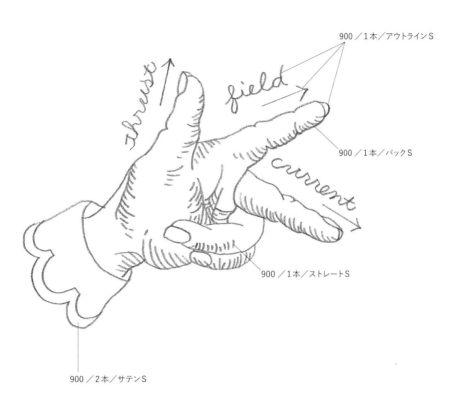

A to Z

900／1本／アウトラインS
900／1本／バックS
900／1本／ストレートS
900／2本／サテンS

フレミングの左手の法則

gάblət | 24

Goblet

脚つきの杯。人気映画のおかげで覚えた言葉。いつか自分のすきなものを飾る棚にひとつくらい並べてみたい。

25 | hˈænd sígnl / hˈæmbɚːgɚ

Hamburger

バンズに野菜やパテを挟んだ食べ物。たまに無性に食べたくなる。一緒にポテトもすすめられることが多く、まんまと頼んでしまう。

Hand Signal

手で示す合図。小学生のころの交通教室と教習所で教わったもの。実際に使ったことはない。この先もきっとないと思う。

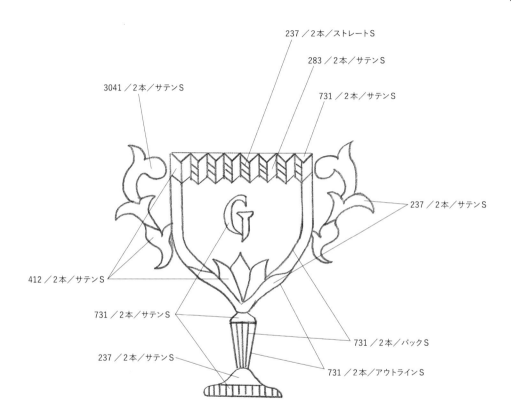

27 | hand signal / hamburger

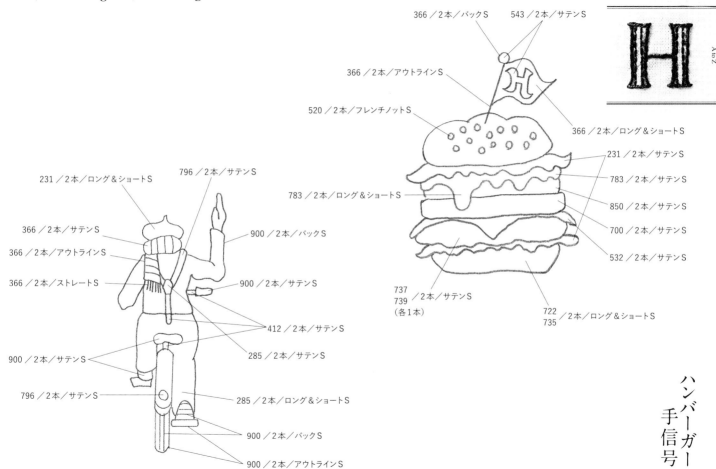

A to Z

Insect

虫。小さなものや大きなもの、カラフルなもの、たくさんの種類があり、まだ人間が認知していないものもいる夢のある生き物。

ínsekt

A to Z

insect | 30

A to Z

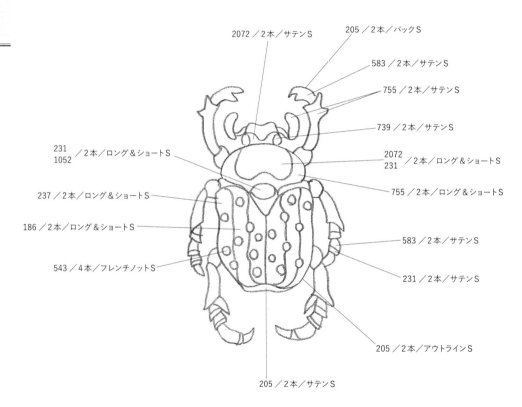

2072／2本／サテンS
205／2本／バックS
583／2本／サテンS
755／2本／サテンS
739／2本／サテンS
231
1052 ／2本／ロング＆ショートS
2072
231 ／2本／ロング＆ショートS
237／2本／ロング＆ショートS
755／2本／ロング＆ショートS
186／2本／ロング＆ショートS
583／2本／サテンS
543／4本／フレンチノットS
231／2本／サテンS
205／2本／アウトラインS
205／2本／サテンS

昆虫

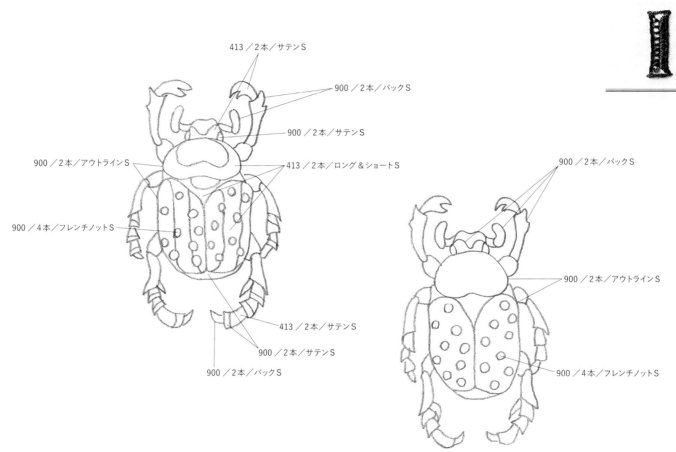

dʒˈækɪt | 32

Jacket

上着。小さなころ、ジャケットは大人の象徴で、はじめて着たときは少し大人になったような気がした。今でも少し背筋が伸びる。

kárl

たまらなくかっこいいおじさん。とてもチャーミングな人なんだろうと思う。頭の中をのぞいてみたい人のひとり。

karl

jacket | 34

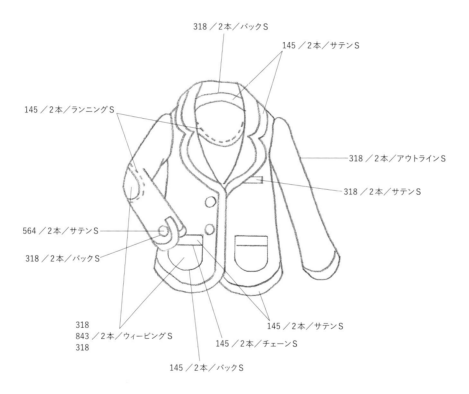

318 ／2本／バックS

145 ／2本／サテンS

145 ／2本／ランニングS

318 ／2本／アウトラインS

318 ／2本／サテンS

564 ／2本／サテンS

318 ／2本／バックS

318
843 ／2本／ウィービングS
318

145 ／2本／バックS

145 ／2本／チェーンS

145 ／2本／サテンS

ジャケット

karl

850／2本／ロング＆ショートS

900／2本／バックS

900／2本／サテンS

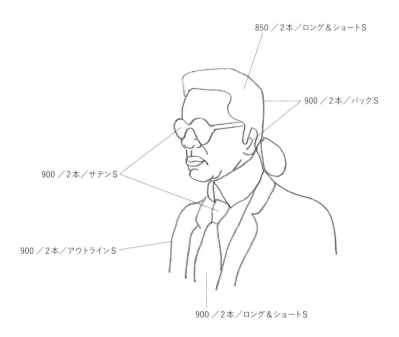

900／2本／アウトラインS

900／2本／ロング＆ショートS

カール

Lure

魚を釣るときに使う道具。疑似餌。カラフルなもの、いかにもおもちゃのようなものにつられてしまう魚って憎めない。

Mermaid

半分人で半分魚の生き物。
はじめての出会いは絵本
だった。いつからかいない
ものだと思っている。い
たらいいなとも思っている。

lure | 38

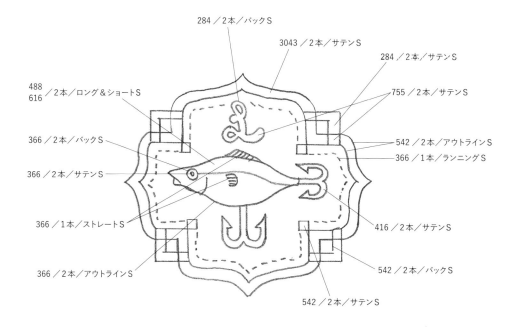

ルアー

mermaid

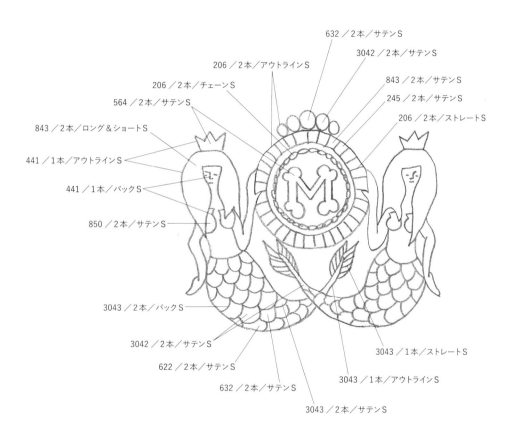

632／2本／サテンS
3042／2本／サテンS
206／2本／アウトラインS
206／2本／チェーンS
843／2本／サテンS
245／2本／サテンS
564／2本／サテンS
206／2本／ストレートS
843／2本／ロング＆ショートS
441／1本／アウトラインS
441／1本／バックS
850／2本／サテンS
3043／2本／バックS
3042／2本／サテンS
3043／1本／ストレートS
622／2本／サテンS
3043／1本／アウトラインS
632／2本／サテンS
3043／2本／サテンS

A to Z

A to Z

Naked

néɪkɪd | 40

はだか。人間以外の動物は
みんな裸。生まれたときも
裸。恥ずかしがる人と抵抗
がない人がいる。

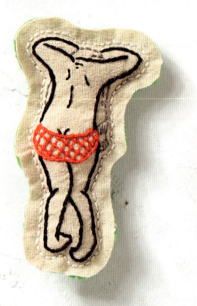

41 | náskə

Nasca

地上絵で有名なところ。謎だらけ。一度は訪れてみたい場所。できれば空から眺めたい。気球なんかに乗って。

naked | 42

A to Z

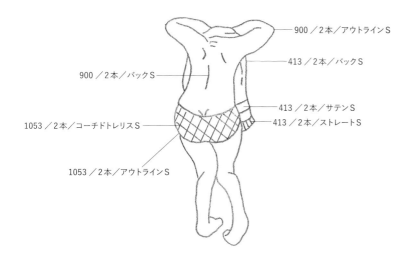

900／2本／アウトラインS
413／2本／バックS
900／2本／バックS
413／2本／サテンS
1053／2本／コーチドトレリスS
413／2本／ストレートS
1053／2本／アウトラインS

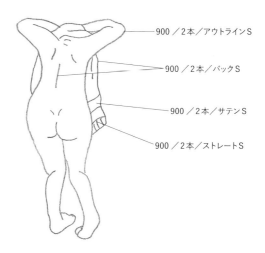

900／2本／アウトラインS
900／2本／バックS
900／2本／サテンS
900／2本／ストレートS

裸

43 | nasca

A to Z

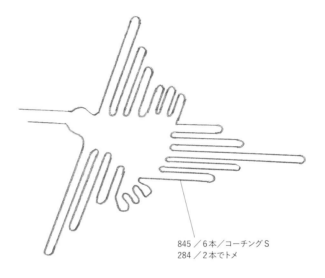

845／6本／コーチングS
284／2本でトメ

ナスカ

45 | ˈɔːnəmənt

Ornament

O

A to Z

飾り。クリスマスのものが有名。他にも、行事にちなんだものがある。旅行先の蚤の市なんかで見かけるとついつい足をとめてしまう。

ornament | 46

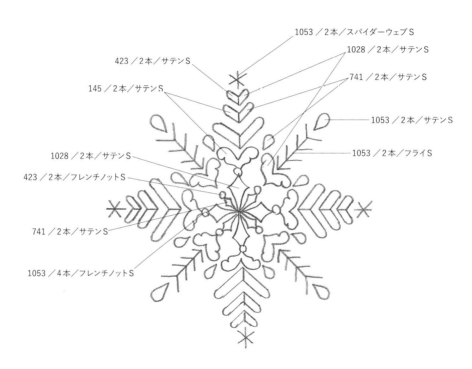

1053／2本／スパイダーウェブS
1028／2本／サテンS
423／2本／サテンS
741／2本／サテンS
145／2本／サテンS
1053／2本／サテンS
1028／2本／サテンS
1053／2本／フライS
423／2本／フレンチノットS
741／2本／サテンS
1053／4本／フレンチノットS

オーナメント

ornament

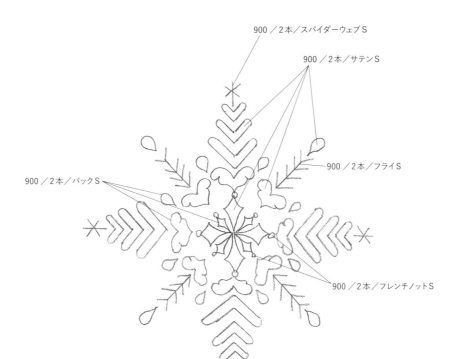

900／2本／スパイダーウェブS

900／2本／サテンS

900／2本／フライS

900／2本／バックS

900／2本／フレンチノットS

A to Z

オーナメント

P

A to Z

pɑɚféɪ | 48

parfait

甘い誘惑。見た目だけで多くの女子を笑顔にしてしまう食べ物。見た目のポップさに反した高いカロリーが悩みの種。

| pˈɚːfjuːm

Perfume

いい香りのする水。さり気なく香るくらいがちょうどいい。香りには好みがあるからね。自分だけの密かな楽しみ程度にね。

parfait | 50

パフェ

51 | perfume

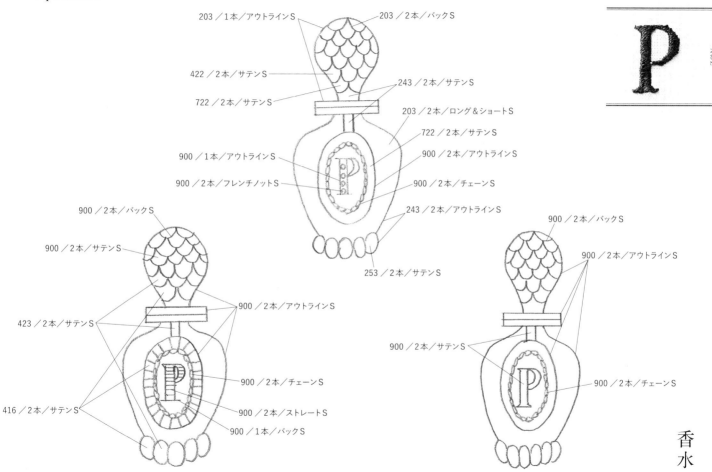

P A to Z

香水

kwíːn | 52

A to Z

Queen

女性の王様。おとぎ話なんかでよく登場し、確かに実在するのに身近には感じられない存在。挨拶は「ごきげんよう。女王陛下」なんて言うのかしら。

53 | kwéstʃən

A to Z

Question

わからないこと。わからないことだらけ。知ったかぶりするより素直に聞ける人がすてきだと思う。聞いたら覚えておけるとなおいい。

queen | 54

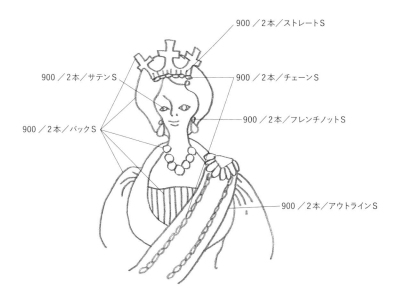

900／2本／ストレートS
900／2本／サテンS
900／2本／チェーンS
900／2本／バックS
900／2本／フレンチノットS
900／2本／アウトラインS

女王

question

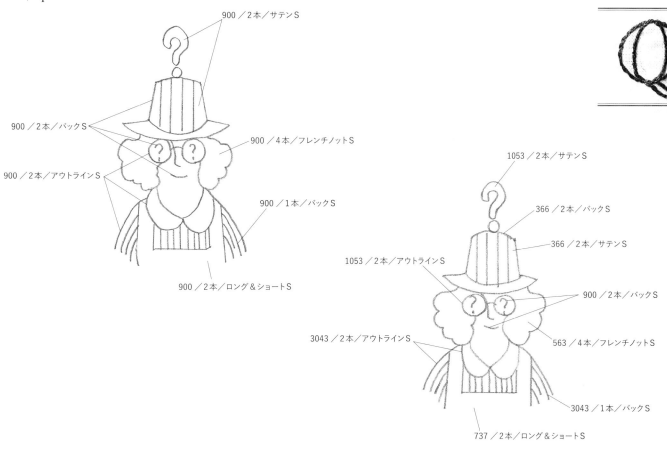

A to Z

疑問

R

r ǽ kɪt | 56

Rocket

あこがれの乗り物。宇宙のことを思うとどうしてワクワクするのだろう。宇宙人はいるのかな。みんなE.T.のようだったらいいのだけど。

sníkɚz / sízɚz

A to Z

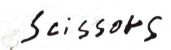

sneakers

カジュアルな履物。たくさん歩いたり、走ったりしても疲れない軽いものがいい。だけど、見た目も大事。

何かを切るための道具。布用と紙用は分けるように教わったけれど、同じでもいいと職人さんに聞いた。きちんと手入れをしていればの話。

rocket

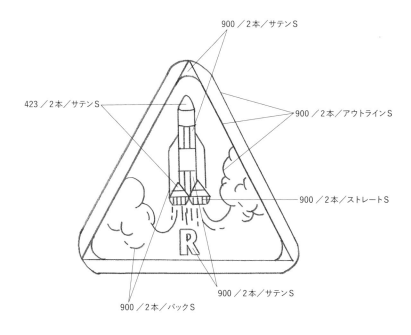

ロケット

sneakers / scissors

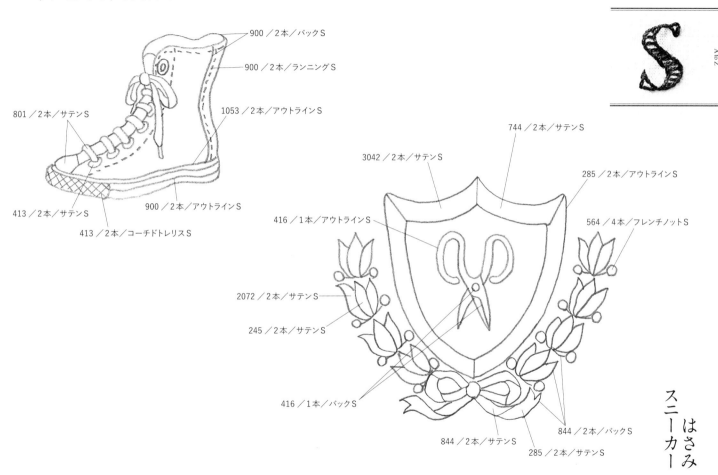

Tools

何かを生み出す手伝いをしてくれるもの。用途に合わせて作られ、手入れの行き届いた道具はとても美しい。

| júːnjən dʒˈæk

Union Jack

英国旗。PUNKな格好をしている人がよくユニオンジャックのついたTシャツを着ていて、昔少しあこがれていた。安易に手を出してはいけないと脳みそが言った。

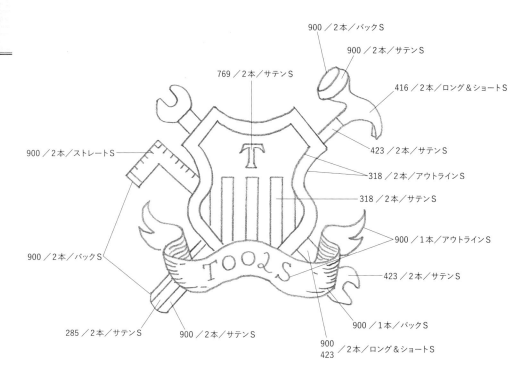

900／2本／バックS
900／2本／サテンS
769／2本／サテンS
416／2本／ロング＆ショートS
900／2本／ストレートS
423／2本／サテンS
318／2本／アウトラインS
318／2本／サテンS
900／1本／アウトラインS
900／2本／バックS
423／2本／サテンS
285／2本／サテンS
900／2本／サテンS
900／1本／バックS
900
423 ／2本／ロング＆ショートS

道具

union jack

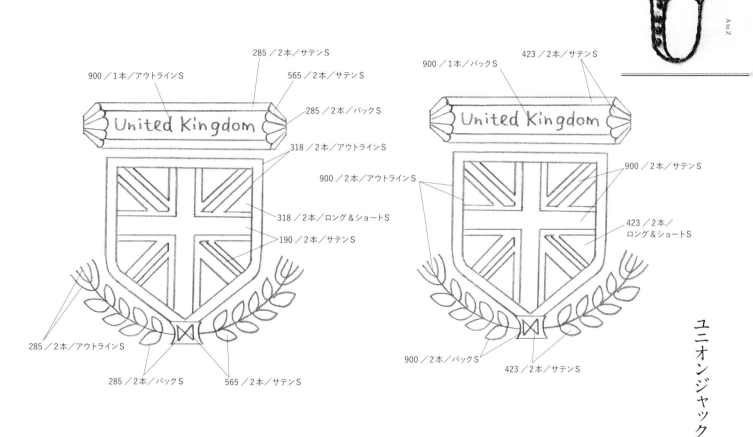

ユニオンジャック

v'æn | 64

Van

小さなものから大きなものまで、いろんなものを運んでくれる乗り物。働く車はかっこいい。働くってかっこいい。

w ά lıt

W A to Z

Wallet

お金を入れておく袋。満月に向かってお財布をふるとお金持ちになるって友達が教えてくれた。たまにこっそりやってみる。

van | 66

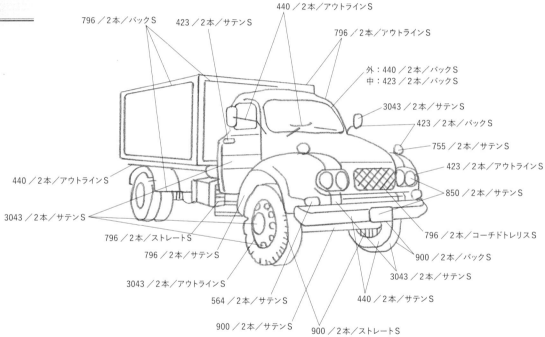

トラック

wallet

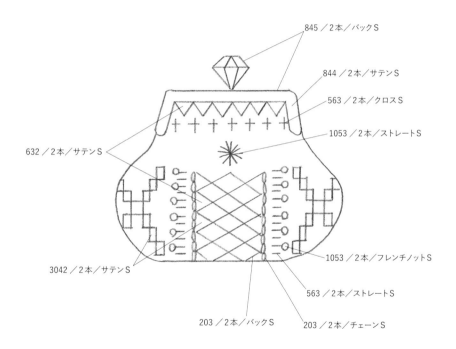

845／2本／バックS
844／2本／サテンS
563／2本／クロスS
1053／2本／ストレートS
632／2本／サテンS
3042／2本／サテンS
1053／2本／フレンチノットS
563／2本／ストレートS
203／2本／バックS
203／2本／チェーンS

財布

éks-fáɪl | 68

X-File

見たいような見たくないような。知りたいような、知りたくないような。知らなければよかったと後悔したときには巻き込まれている。

Yarn

| jɑ́ɚn

細くて長いひも状のもの。
刺したり、編んだりすると生
地になったり服になったりし
て、創作意欲をかき立てる。

Y

A to Z

X-File | 70

X

A to Z

565／2本／アウトラインS
565／2本／バックS
2015／2本／バックS
565／2本／チェーンS
565／2本／サテンS
2015／2本／アウトラインS
343／2本／サテンS
900／1本／バックS
565／2本／アウトラインS
137／2本／アウトラインS
900／2本／サテンS
137／2本／バックS
900／1本／バックS
565／2本／バックS
2015／2本／アウトラインS
412／2本／サテンS
900／1本／アウトラインS

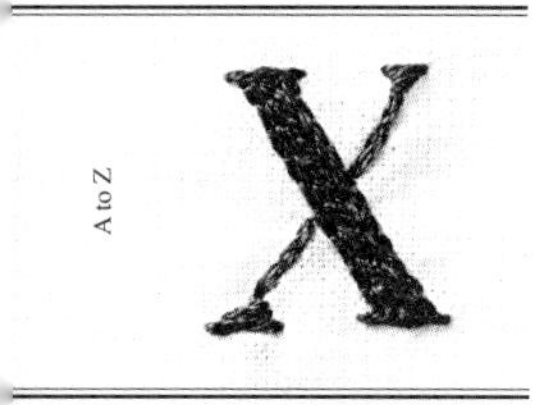

秘密のファイル

yarn

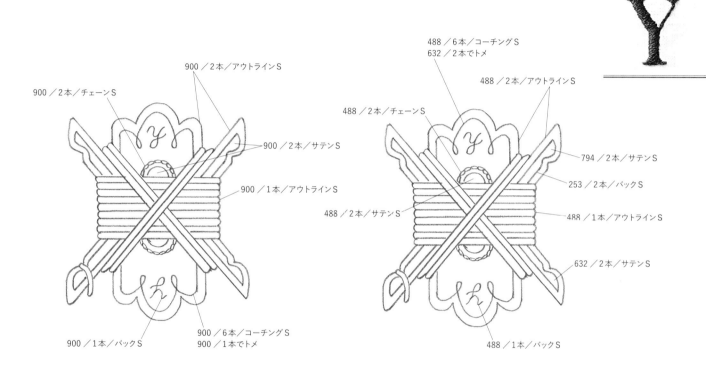

Zoom

距離が近くなると、緊張感が変わる。肉眼では見えない世界を見たとき、少しの罪悪感を伴うのはわたしだけかな。

énd

おしまいははじまりなのかも
しれない。

zoom | 74

A to Z

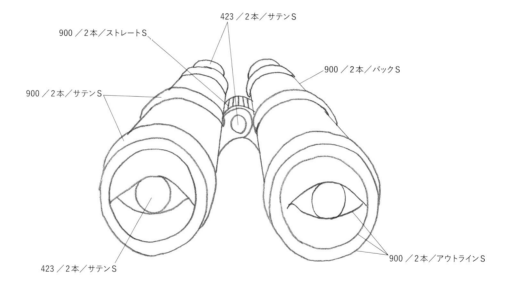

423／2本／サテンS

900／2本／ストレートS

900／2本／バックS

900／2本／サテンS

900／2本／アウトラインS

423／2本／サテンS

ズーム

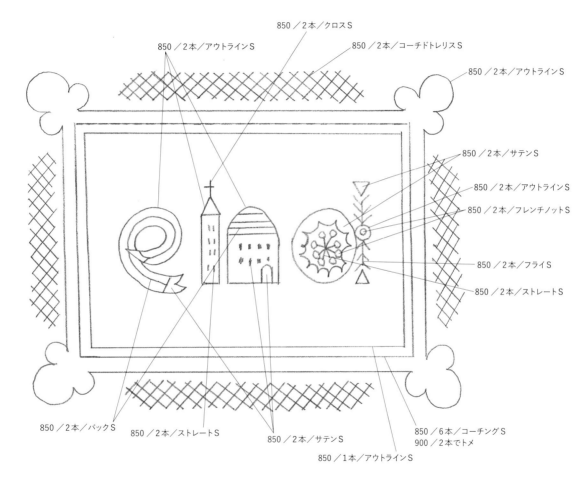

ˈælfəbèt

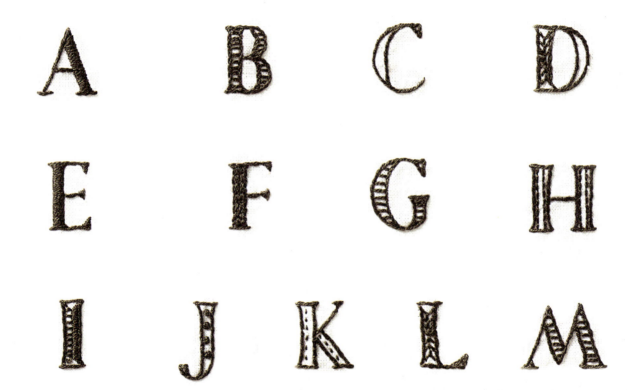

Alphabet

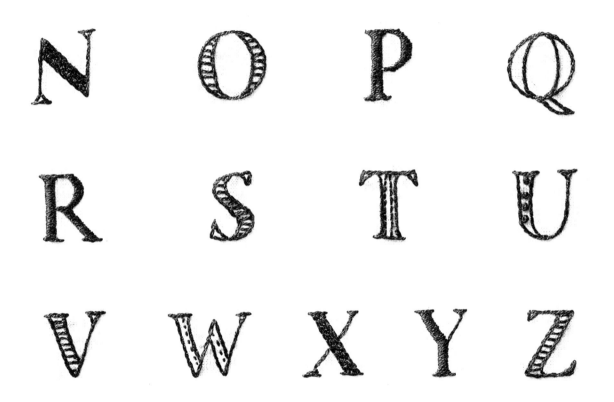

alphabet | 78

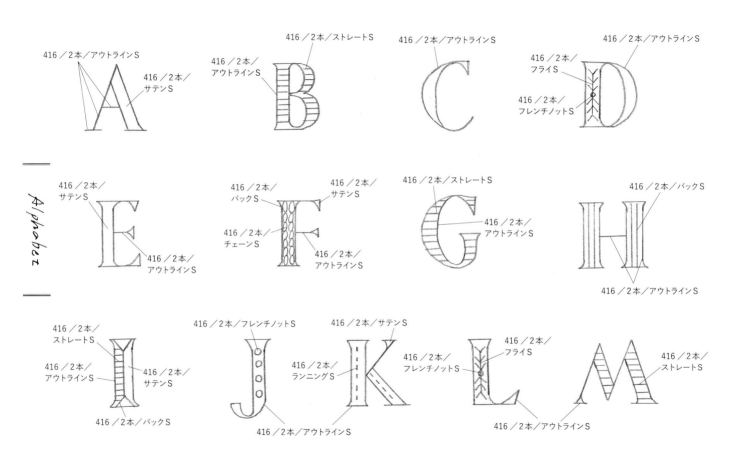

alphabet

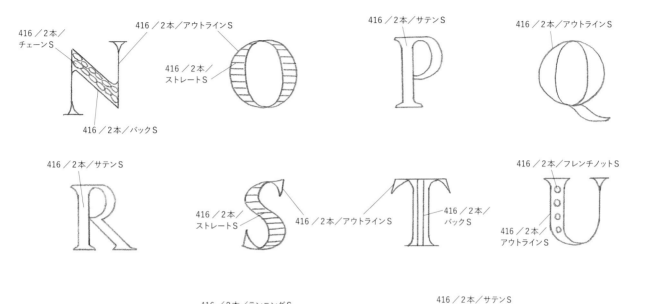
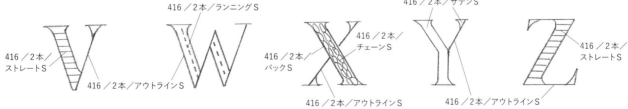

How to make | 80

How to make

ステッチの刺し方、エンブレムの作り方

道具と材料

①**刺繍針**：針先のとがったフランス刺繍針。京都にある三條本家みすや針は、糸も通しやすく、刺しやすいおすすめの針。

②**刺繍糸**：6本の細い綿糸が一束になった25番刺繍糸。ステッチに合わせて束から1本ずつ引き出して使用。この本の糸はすべて「オリムパス」のもの。

③**刺繍枠**：図案の大きさに合わせて直径10～12cmのものを使用。滑るのを防いだり、生地を傷めないように、内枠と金具の部分にリボン等を巻いている。

④**糸切りばさみ**：先のとがった切れ味のいいものを。「TAjiKA」のものを愛用。

⑤**表布、裏布**：刺繍をする表布には紅茶染めをしたシーチング、裏布はお好きな生地を。

⑥**キルト芯**：10mm厚。エンブレムのふかふかとした立体感を出すのに必要。

⑦**チョークペーパー**：片面タイプの水で消せるもの。

⑧**チョークペン**：チョークペーパーで写した後、薄くて見づらい線を書き足したりするときに。水で消えるタイプを使用。

⑨**鉄筆（トレーサー）**：図案を写すときに使用。インクの出なくなったボールペンなどで代用可。

⑩**ほつれ止め**：作品の縁は切りっぱなしなので、これをつけてほつれを防ぐ。

⑪**安全ピン**：作品の裏に縫いつけるために使用。大きさは図案の大きさなどに合わせて選ぶ。

＊そのほか、裁ちばさみ、定規、まち針、針刺しなど。

図案ページの見方

図案はすべて実寸大

例

糸の本数
167／2本／サテンS
糸の色番号　　**ステッチ名**

※色番号はオリムパスの糸
※Sはステッチの略

紅茶染めのしかた

エンブレムの表布に用いるシーチングは紅茶染めをしてから使っている。

step 1
洗面器などにお湯2リットルと紅茶のティーバッグ3個、塩小さじ1を入れ、たまにティーバッグを振りながら5分ほど紅茶液を抽出する。

step 2
ここにあらかじめ水洗いし、のりを落としたシーチングを浸す。布が液から出ないように割り箸などで押さえる。

step 3
約1時間後、水で軽くすすいで乾燥させる。

How to make | 82

ステッチの刺し方

線のステッチ

ランニングステッチ
Running Stitch

並縫い。1目の大きさと間隔をそろえるときれいに仕上がる。ランダムに刺すと、ラフな印象。

バックステッチ
Back Stitch

返し縫い。1目ずつ戻しながら進むステッチ。針目と針目がつながって見えるように意識するときれいに。カーブや円を刺す際は、カーブに合わせた大きさの針目にするとなめらかに仕上がる。

アウトラインステッチ
Outline Stitch

半目ずつ重なるステッチ。バック・ステッチに比べ、立体感があり、刺した穴が目立たないので縁とりなどに向いている。

How to make

刺し始めと刺し終り

裏糸に糸をくぐらせる方法が一般的だが、玉止めでも可。刺し終りの玉どめが失敗してしまった場合、近くの裏糸にくぐらせると表の糸がゆるむのを防ぐことができる。

線のステッチ

コーチングステッチ
Coaching Stitch

軸になる糸を小さな針目でとめていくステッチ。軸になる糸を毛糸など素材の異なるものに変えてもおもしろい。とめるステッチの向きや大きさ、間隔を変えるなど工夫次第で様々な表現ができる。

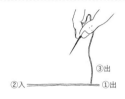

チェーンステッチ
Chain Stitch

輪の大きさや形によって表情が変わる。1つずつ輪の調子を整えながら進めるときれいに仕上がる。調子を整える際は、進行方向に糸を引く。

フライステッチ
Fly Stitch

Yを1セットと考えるとわかりやすい。糸を整える際は、進行方向に引くと生地がつらず、同じテンションできれいに仕上がる。

How to make | 84

点のステッチ

ストレートステッチ
Straight Stitch

1目の最もシンプルなステッチ。続けて刺す際は、「上から出して下に入れる」リズムをくずさないように進める。長さや角度を変えて組み合わせると、いろいろな模様ができる。

クロスステッチ
Cross Stitch

長さを変える場合は、長い針目を先に刺すと安定する。続けて刺す際は、同じ角度の針目を続けて刺し、端までいったら折り返してもう一方の針目を刺す。

フレンチノットステッチ
French Knot Stitch

針に糸を巻きつけ、針の半分くらいまで刺したところで糸を引き、調子を整えるときれいに仕上がる。整える際に、きつくすると小さな玉になり、ゆるくするとふんわりとした仕上りになる。大きくしたい場合は、巻きつける回数より、糸の本数を増やすほうが効果的。*図は2回巻き。

スパイダーウェブステッチ
Spider Web Stitch

放射状の足場の1つずつにコブを作っていくようなイメージ。糸が出ているところを挟む2本の足場を針ですくうと覚えておくと、どこまでいったかがわからなくなったときに役立つ。

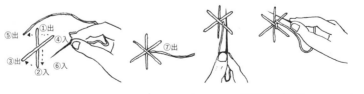

←この工程を繰り返す→

How to make

面のステッチ

サテンステッチ
Satin Stitch

埋める面のいちばん短い針目と長い針目の差が少ない角度で刺すときれいに仕上がる。針目があまり長いとたるみの原因になるので気をつける。

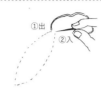

ロングアンドショートステッチ
Long and Short Stitch

長さの異なる針目を使って面を埋めるステッチ。幾何学模様など、規則的に刺す場合は、針目の長さをそろえ、有機的な植物などを刺す場合は、針目をランダムにすると自然に仕上がる。

コーチドトレリスステッチ
Couched Trellis Stitch

格子状に渡した糸の重なる部分を小さな針目でとめるステッチ。本書では、小さなストレートステッチでとめているが、小さなクロスステッチでとめてもいい。とめ糸の色を変えるとまた違った表情になる。

ウィービングステッチ
Fly Stitch

縦に渡した糸を交互にすくう織物のようなステッチ。たて糸やよこ糸の色を変えるとボーダーやチェックの織物のように仕上がる。

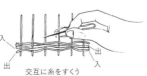

How to make

エンブレムの作り方

材料

- **表布**（シーチング）
  図案に合わせ、刺繍枠にはまる大きさにカット
- **裏布**
  図案よりも一回り大きくなるようカット
- **キルト芯**
  図案よりも少し小さめの大きさにカット
- **安全ピン**

1

Tracing

表布の上にチョークペーパー→図案を写した紙の順に置き、鉄筆で線をなぞる。

2

刺繍枠の金具が上にくるように表布をはめて刺繍する。

3

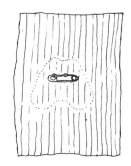

裏布に安全ピンを縫いつける。位置は、図案の中央よりもやや上になるように。

4

表布と裏布の間にキルト芯をはさみ、位置がずれないようにまち針で固定する。

How to make

5

Back stitch

ステッチの端から1mm外側をバックステッチで縫う。

6

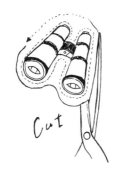

Cut

♪のステッチの5mmぐらい外側をはさみでカットする。

7

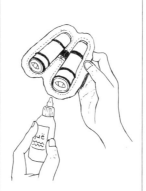

端がほつれないようにほつれ止めをつけて乾かす。

Completed

atsumi

多摩美術大学卒業後、アパレルメーカー、同大学に勤務ののち、刺繍をベースとする作家としての活動を始める。2009年、刺繍こものブランド「itos」を立ち上げる。刺繍作品の個展を開催するほか、異素材を扱う作家・企業とのコラボレーションワークや、アニメーションへの素材提供・装画制作・ワークショップなどの活動をしている。
著書『刺繍のエンブレム』『ことばと刺繍』(共に文化出版局)、『刺繍のいろ』(BNN新社)、『刺繍のはじめかた』(マイナビ出版)
http://itosigoto.com/

AD＆ブックデザイン	大西真平
撮影	山田薫
	安田如水(文化出版局)(p.4-5)
スタイリング	川上薫
DTP	文化フォトタイプ(図案ページ)
校閲	向井雅子
編集	田中薫(文化出版局)

素材協力
オリムパス製絲
tel.052-931-6679
http://www.olympus-thread.com/

刺繍のエンブレム A to Z

発　行	2016年10月16日　第1刷
	2019年10月30日　第2刷
著　者	atsumi
発行者	濱田勝宏
発行所	学校法人文化学園 文化出版局
	〒151-8524　東京都渋谷区代々木3-22-1
	電話 03-3299-2485（編集）
	03-3299-2540（営業）
印刷・製本所	株式会社文化カラー印刷

©atsumi 2016　Printed in Japan
本書の写真、カット及び内容の無断転載を禁じます。

・本書のコピー、スキャン、デジタル化等の無断複製は著作権法上での例外を除き、禁じられています。本書を代行業者等の第三者に依頼してスキャンやデジタル化することは、たとえ個人や家庭内での利用でも著作権法違反になります。
・本書で紹介した作品の全部または一部を商品化、複製頒布、及びコンクールなどの応募作品として出品することは禁じられています。
・撮影状況や印刷により、作品の色は実物と多少異なる場合があります。ご了承ください。

文化出版局のホームページ　http://books.bunka.ac.jp/